JN452650

실패한 목사, 선교사를 찾아오신 하나님

아담아 네가 어디 있느냐?

실패한 목사, 선교사를 찾아오신 하나님

아담아 네가 어디 있느냐?

박풍성 저

도서출판 디자인

서문

이 책은
세상에 밀려 힘들고 지쳐 낙망하고 넘어져
계단이 맨 아래층에
머리를 감싼 채 무릎 사이에 얼굴을 쳐 박고
어둠 속에 있는 '한 사람'에게 '따뜻한 빛'으로 찾아오사
"괜찮아, 너는 조금도 부족함이 없단다" 하시며
'영원'으로 안아 주시는 이야기입니다

이 책은
씨암닭이 가슴에 품고 있던 닭걀 속에서 껍데기를 깨고 나와
눈이 떠지고 귀가 열려서 어미 닭을 따라 가는 이야기입니다

이 책은
농부이신 하나님과 흙으로 지음 받는 사람의 '러브 스토리'입니다

이 책을
화려한 가면 뒤에 숨어 울고 있는 그 사람에게,
기독교라는 밀림에 들어와 '길'을 잃은 모든 사람들에게 드립니다

2020. 12. 25

'사람' **박 풍 성**

차례

1. 흙으로 사람을 지으신 하나님 011
2. 사람, 선악고 를 먹고 길을 잃다 012
3. 예수의 삶 014
4. 종교 015
5. 빛으로 오시는 하나님 016
6. 나는 아무것도 아닙니다 017
7. 재창조 018
8. 교회는 오직 020
9. 연약함, 하나님의 통로 022
10. 흙으로 지으시다 024
11. 참 만족 025
12. 아담아 네가 어디 있느냐?" 026
13. 전쟁 027
14. 참 교회 028
15. 그리스도를 먹음 030
16. 나는 어린 양으로 발견 되었다 032
17. 별'이 보이는가? 034
18. 인간의 실체 036
19. 종교는 038
20. 한 생명 040
21. 내 뜻, 하나님의 뜻 042
22. 십자가, 오직 한 길 044
23. 다시 살 길 046
24. 십자가 047

25. 십자가를 통고 하지 않으면 048
26. 진정한 부자 050
27. 네가지 밭 052
28. 구원? 054
29. 내가 끝나던 밤 056
30. 깨진 마음 058
31. 소경 060
32. 본질과 형상 062
33. 교회와 세상 064
34. 십자가, 끝냄과 시작 066
35. 종교와 생명 068
36. 교회와 세상(2) 070
37. 등대와 십자가 072
38. 십자가 앞에서 074
39. 하나님의 충만 076
40. 참된 패배 078
41. 새 날이 왔다 080
42. 첫 사랑 082
43. 귀있는 자는 들을 지어다 084
45. 십자가에 달린 예수 086
44. 힘들다는 것은 088
46. 빈 손의 축복 089
47. 사람을 찾습니다 090
48. 소유와 존재 092

49. 사람 ········ 096
50. 내 뜻대로 ········ 098
52. 죽어봐야 사는 걸 알지 ········ 100
51. 하나님의 일꾼 ········ 102
53. 목 마름 ········ 103
54. 어린아이 ········ 106
55. 순풍에 돛단 배는 ········ 108
56. 이 영광이 보이면 ········ 110
57. 보시기에 심히 좋았더라 ········ 111
58. 안식일 ········ 114
59. 죽은 자와 산 자 ········ 118
60. 저가 내 안에 내가 저 안에 ········ 120
61. 부끄러움 ········ 121
62. 천국고 지옥 ········ 124
63. 천국고 지옥(2) ········ 125
64. 천국고 지옥(4) ········ 126
65. 천국고 지옥(5) ········ 127
67. 천국고 지옥(7) ········ 128
66. 천국고 지옥(6) ········ 130
68. 천국고 지옥 ········ 131
69. 하나님 나라 ········ 134
70. 십자가에서 ········ 137
71. 나로부터의 자유 ········ 142
72. 사람 ········ 144
73. 사람 ········ 146
74. 사람이면 된다 ········ 150

75. 길 ········ 153
76. 한 운명 ········ 154
77. 사람이면 되는 나라 흙이면 되는 나라 ········ 155
78. 오늘도 내기도는 짧고 영원합니다 ········ 158
79. 오늘은 영원한 내 생일 ········ 160
80. 자존심 ········ 163
81. 금도끼가 네도끼냐? ········ 166
82. 본질고 형상 ········ 170
84. 영원한 실업자 ········ 173
83. 빛 ········ 176
85. 단순한 삶 ········ 178
86. 믿는 것고 먹는 것 ········ 182
87. 무엇이 보이느냐 ········ 186
88. 예수그리스도안에 있으면 ········ 189
89. 십자가와 예수님 ········ 192
90. 십자가는 용광로 율법의 아들 니고데모 ········ 194
91. 선악고 ········ 198
92. 선악고 (2) ········ 202
93. 선악고 (3) ········ 207
94. 벌거숭이 임금님 ········ 211
95. 노아와 방주 ········ 214
96. 하나님이 찾아오심 ········ 218
97. 아브라함이 내 놓은 세가지 열매 ········ 222
98. 존재적 가난 ········ 226
99. 역설 ········ 231
100. 스스로와 말미암아 ········ 236

1.

빛, 길, 생명

흙으로 사람을 지으신 하나님

사람은 흙으로 지어 졌습니다

하나님은 농부시고, 나는 흙입니다

농부가 씨를 뿌려 풍성한 열매를 맺는 것이 인생입니다

교회는 건물이 아니라

하나님의 밭, 하나님의 집,

하나님의 나라입니다

✝ <아멘 아버지 마음> 주 예수여 오시옵소서

2.

빛, 길, 생명

사람, 선악과를 먹고 길을 잃다

선악과를 먹은 이후

생명대신 지식이 들어왔기 때문에

사람마다 제각각 길이 생겼다

그러나 생명의 길은 하나 뿐이다

이것은 탐구해서 가는 길도 아니고

노력해서 가는 길도 아니다

그 생명이니까 그 길로 갈 수 밖에 없다

아들이면 아버지께로 가는 것이고

피조물이면 창조주에게 가는것이다

✝ <아멘 아버지 마음> 주 예수여 오시옵소서

3.

빛, 길, 생명
예수의 삶

예수의 생명은

자신의 뜻대로 된 것이 하나도 없지만,

그의 생애에 하나님 뜻대로 되지 않은 것이
하나도 없는 그런 생명이었습니다

✝ <아멘 아버지 마음> 주 예수여 오시옵소서

4.

빛, 길, 생명

종교

하나님이 원하시는 것은

하나님이 지으신 사람인데

사람은 늘자기가 만든의, 자기의 수고가
담긴 공로를 가지고 (종교-가인과아벨)
하나님 앞에서 려는 것입니다

그래사 하나님은 십자가에 못박힌 예수안에서
사람이 인위적으로 만들어가진 모든의를
끝내려 하신 것입니다

<아멘 아버지 마음> 주 예수여 오시옵소서

5.

빛, 길, 생명

빛으로 오시는 하나님

아담-사람을 만드시고

"보시기에 심히 좋았더라"

하나님의 말씀이 빛으로 오지 않으면

사람은 평생 사탄의 지배에서 벗어날 수 없습니다

✝ <아멘 아버지 마음> 주 예수여 오시옵소서

6.

빛, 길, 생명

나는 아무것도 아닙니다

내 자랑이 조금만 있어도

그것 만큼 하나님이 안 나타나는구나

내가 아무것도 없으면

100% 그 분이 나타난다는 사실을

알게되었다

이제야

갈2:20 말씀이 실재가 되었다

<아멘 아버지 마음> 주 예수여 오시옵소서

7.

빛, 길, 생명

재창조

인생에서 일어나는 부정을 세상에서는
요리할 수 없다

하나님은 부정이란 재료로 먹을 수 있는
요리를 하신다

이것이 재창조다

죽음을 가지고 어디에 쓰겠는가?

절망을 가지고 어디에 쓰겠는가?

그 죽음을 부활로 창조하고

절망을 새로운 시작으로 창조하실 수 있는 분은

하나님 밖에 없다

✝ <아멘 아버지 마음> 주 예수여 오시옵소서

8.

빛, 길, 생명

교회는 오직

인간이 만든 모든 것은

부패하고 모순에 빠지며

혼돈과 공허와 흑암의 깊음이다

그러나 하나님의 통치는

단지 생명을 공급하고 분배할 뿐이다

교회는 오직 하나님의 통치만 있는 곳이다

생명 공급외의 모든 방법은

세상의 방법이며 사탄의 의도를 받는 것이다

✝ <아멘 아버지 마음> 주 예수여 오시옵소서

9.

빛, 길, 생명

연약함, 하나님의 통로

우리가 속은 자리, 연약함!

"이는 내 능력이 약한데서

온전하여 짐이니라"(고후12:9)

‥인생의 연약함이란 하나님의 생명을 사람에게

뿌리 내리게 하기 위한 귀중한 특성입니다

지하수가 약한 지면으로 스며들어 흐르듯이

연약함은 하나님의 은혜가 흐르는 통로가 됩니다

사람들은 미련하고 약한 것들을 멸시하고 천대하지만

하나님은 세상이 버릴 수 밖에 없는 것들을 택하여

생명의 통로가 되게 하시고

그리스도가 오는 길이 되게 하셨습니다

✝ <아멘 아버지 마음> 주 예수여 오시옵소서

10.

빛, 길, 생명

흙으로 지으시다

하나님이 사람을 흙으로 만드셨다

그러므로

이 자리에서 난 것이 아니면

하나님과 상관이 없는 걸로

알아진다

너는 흙이니 흙으로 돌아갈지니라

✝ <아멘 아버지 마음> 주 예수여 오시옵소서

11.

빛, 길, 생명

참 만족

사람은

하나님이 지으셨기 때문에

나의 것이 아무것도 없는

하늘에서 내리는 이슬이라야

만족을 얻을 수 있다

✝ <아멘 아버지 마음> 주 예수여 오시옵소서

12.

빛, 길, 생명

아담아 네가 어디 있느냐?"

성경에서

이 음성이 하나님의 음성으로

들려지지 않으면

우리는 영원히

공허와 혼돈과 흑암이다

✝ <아멘 아버지 마음> 주 예수여 오시옵소서

3.

빛, 길, 생명
전쟁

세상은 지식과 빛의 싸움이다
지식은 문명의 발전을 가져와
바벨론 - 사탄의 왕국을 만들었고,
"빛이있으라"
빛은 마음이 가난한 사람들에게
비추어져 하나님 나라를 만들었다
귀 있는 자는 들을 지어다

✝ <아멘 아버지 마음> 주 예수여 오시옵소서

14.

빛, 길, 생명

참 교회

하나님은 사람을 창조하신 후에 동방에 에덴을 창설하시고 사람을 거기에 두셨다

이 동산은 하나님과 사람이 생명 나무안에서
함께 사는 거처로서

오늘날의 교회다

동산의 상활이 상명나무열매를 먹음으로 가능하듯이 교회 생활도 그리스도를 먹음으로 가능하다

동산 중심에는 상명나무가 있듯이 교회의
중심에는 그리스도가 있다

많은 사람들은 부질없는 방법으로 하나님을 찾고
천당을 기다린다 또한 헛 된 많은 것들로 교회를 세운다
제도와 의식으로 혹은 교리와 조직으로 집단을 만든다

그러나 그런것들로는 교회를 세울 수 없다

✝ <아멘 아버지 마음> 주 예수여 오시옵소서

15.

빛. 길. 생명

그리스도를 먹음

임마누엘

영이 신 하나님과 육체인 사람이

어떻게 함께 거 할 수 있는가?

그길은 유일하다

그리스도를 먹음으로서

하나님과 한 운명, 한 몸이 되는 것이다

"내살을 먹고, 내피를 마시라"

✝ <아멘 아버지 마음> 주 예수여 오시옵소서

16.

빛, 길, 생명

나는 어린 양으로 발견 되었다

양은

그저 눈앞에 있는 것 밖에 볼 수 없고

양은 홀로는 독초를 구분 할 수도 없고

양은 공격 무기는 물론 방어무기도 없다

양은 무리 속에서 벗어나면

늑대나 이리의 밥이 된다

나는 십자가에 달려있는

어린양 예수를 보면서

나도 양으로 발견되었다

그런데 놀랍게도 평안과 안식이 찾아왔다

"여호와는 나의 목자시니 내게 부족함이 없으리로다"
(시 23편1절)

나는 부족함이 없다

✝ <아멘 아버지 마음> 주 예수여 오시옵소서

17.

빛, 길, 생명

별'이 보이는가?

서울의 밤하늘에는

별이 잘 보이지 않는가?

그런데

왜?

몽골의 초원에서 텐트치고 자던 그밤!!

하늘에는 별들이

쏟아져 내릴 듯 하는가?

나의 빛이 끝났을 때

내가 믿었다는 거

내가 했다는 거

내가 안다는 거

내가 소유했다는 거

내가 경험했다는 거

내가 배웠다는 거

내가.....

내가.....

내가.....

나의 빛이 모두 끝났을 때

십자가에 달려서 "엘리엘리라바사박다니"

울부짖으시는 예수님의 빛이 보이기 시작했다

이때 나는 거듭났다

새 하늘 새 땅이 보이기 시작했다

나는 영원히 예수님 안에 포함되었다

✝ <아멘 아버지 마음> 주 예수여 오시옵소서

18.

빛, 길, 생명

인간의 실체

선을 행하는 자나

악을 행하는 자나

다 하나님을 위하지 않고

자기를 위하는 것이 일반이다

오직

죽든지 살든지

믿든지 안믿든지

천당에 가든지 지옥에 가든지

모두 자기 위주다

이것이 바로 선악과를 먹은 인간의 실체, 본질이다

"오호라 나는 곤고한 자로다

누가 사망의 몸에서 나를 건져내랴!"

이 자리에 갈 때 비로소 구원의 빛이 비쳐진다

✝ <아멘 아버지 마음> 주 예수여 오시옵소서

19.

빛, 길, 생명
종교는

종교는

타락한 인간의 소원을 이루기 위한

궁극적인 방법이다

하나님의 목적은

사람을 통해서 하나님 그 자신을 표현 하는 것이다
하나님의 목적과 소원은

그의 표현으로서 그의 아들이며

그의 단체적 표현으로서의 그의 거처인 교회

곧그의 백성이다

그에게는 그 이외의 어떤 것도 필요치 않다

오늘날

기독교의 타락은

그리스도와 교회는 감추어졌고

기독교라는 종교와 그 지도자들만 이판을 치고 있는 것이다

✝ <아멘 아버지 마음> 주 예수여 오시옵소서

20.

빛, 길, 생명

한 생명

태초부터 하나님은
셋이 하나이 신분으로서
자신의 형상과 모양을 따라
사람을 지으셨다
그러므로
우리가 그 하나님께로 돌아간다면,
또 그 분이 우리 안에 오신다면
그 분의 어떠함과 같이
우리도 여럿이 하나가 되는 것이다
아무리 은사가 많고, 능력이 많고, 믿음이 좋고
사람들이 많이 모인다고 해도
한 생명이 아니면 모두 가짜다

✝ <아멘 아버지 마음> 주 예수여 오시옵소서

21.

빛, 길, 생명

내 뜻, 하나님의 뜻

하나님은

인생의 문제,

우리의 소원,

우리의 선한 뜻,

우리 민족, 우리나라의 뜻

우리 교회, 한국 교회의 기도 제목을

해결하라고

인간을 창조하신 것이 아니라

하나님 뜻(창1:26)을 이루기 위해

인간을 창조하셨다

"뜻이 하늘에서 이루어진 것 같이

땅에서도 이루어지이다"

✝ <아멘 아버지 마음> 주 예수여 오시옵소서

22.

빛, 길, 생명

십자가, 오직 한 길

십자가가 보여야 산다

십자가에 달린 분속에 내가 보여야 산다

"높이 달린 놋뱀을 보라!

그리하면 살리라!"

끝이 없으면 시작이 없다

죽지 않고는 다시 살지 못한다

옛 생명이 끝나지 않고는

새 생명이 나올 수 없다

이 길외에는 다른 길이 없다

그 완전한 유대종교가 하나님의 아들을

알아보는데 실패하였다면,

이 세상의 그 어떤 종교나 방법으로

그를 알 수 있을까

✝ <아멘 아버지 마음> 주 예수여 오시옵소서

23.

빛, 길, 생명

다시 살 길

거역의 세상과 타락한 종교 앞에

제시할 그리스도의 길은

그들에게 죽임을 당하고

하나님으로 인하여

다시 살아나는 길 밖에 없다

그래서

예수님은 십자가에서 죽으시고 부활하신 것이다

✝ <아멘 아버지 마음> 주 예수여 오시옵소서

24.

빛, 길, 생명

십자가

죽음이 없으면 새 생명도 없다

✝ <아멘 아버지 마음> 주 예수여 오시옵소서

25.

빛, 길, 생명

십자가를 통과하지 않으면

십자가를 통과하지 못한

사람은

전적으로 하나님께 무용하다

그러므로

십자가를 통과하지 못한

사람의 결과는

아무리 위대하다 할지라도

아무리 숭고하다 할지라도

아무리 희생적이라 할지라도

아무리큰 믿음이라 할지라도

아무리큰 사랑이라 할지라도

하나님과 관계가 없다
(마7:20~23)

✝ <아멘 아버지 마음> 주 예수여 오시옵소서

26.

빛, 길, 생명

진정한 부자

표면적인 사람은

돈이 많은 사람을 부자로 생각하지만

진정한 부자는

다른 사람에게 줄 수 있는

사랑과 위로를 풍성히 가진 사람입니다

✝ <아멘 아버지 마음> 주 예수여 오시옵소서

27.

빛, 길, 생명

네가지 밭

네가지 밭에 대하여

첫째, 길가 밭

길가 밭은 사람들의 왕래가 잦아서

단단하게 굳어 있는 땅이다

이것은

내가 지금까지 살아 오면서

수 많은 듣고, 보고, 배우고, 경험하고...

심지어

하나님에 대하여, 예수님에 대하여, 성령님에 대하여

교회에 대하여, 예배에 대하여, 찬양에 대하여...

안다는 "지식"이 가득차서

그 마음이 단단해진 사람이다

이런 밭에는 아무리씨를 뿌려도

"생명열매"를 맺을 수 없다

이것이 바로 농부이신 하나님 아버지의 안타까움이다

농부에게는 빈 밭이 필요하다

"나는 아무것도 모릅니다"

이 아버지 마음을 누가 알려나!!!!

✝ <아멘 아버지 마음> 주 예수여 오시옵소서

28.

빛, 길, 생명

구원?

타락한-하나님을 떠난

인간을 향한 유일하고 영원한 질문?

"아담아 네가 어디 있느냐?"

이 질문에 답할 수 있는 것이

구원이다

✝ <아멘 아버지 마음> 주 예수여 오시옵소서

29.

빛, 길, 생명

내가 끝나던 밤

왜?

서울의 밤 하늘에는

별이 잘 보이지 않는가?

그런데

왜?

몽골의 초원에서 텐트치고 자던 그밤!!

하늘에는 별들이

쏟아져 내릴 듯 하는가?

나의 빛이 끝났을 때

내가 믿었다는 거

내가 했다는 거

내가 안다는 거

내가 소유했다는 거

내가 경험했다는 거

내가 배웠다는 거

내가....

내가....

내가....

✝ <아멘 아버지 마음> 주 예수여 오시옵소서

30.

빛, 길, 생명

깨진 마음

하나님 말씀은

상대적으로 흐르는 말씀이다

높은곳으로 물이 흐를 수 없듯이,

막힌자에게 말씀이 흘러가지 않는다

막힌 둑이 터지면

그곳으로 물이 터져 나간다

우리 인생에

둑이 터지면 하나님의 은혜가 끝없이 흐른다

“이물을

먹는 자마다 또 다시 목마르려니와

내가 주는 물을 마시는자는 영원히

목 마르지 아니하리라”

✝ <아멘 아버지 마음> 주 예수여 오시옵소서

31.

빛, 길, 생명

소경

사람들은 누군가 잘못했기 때문에 저런 것이라고
생각했습니다

그래서 예수님에게

"이 사람이 눈먼 사람으로 태어난 것이 누구의

죄 때문입니까?"

이 사람의 죄입니까?

부모의 죄입니까?"

라고 물었다

예수님은

"누구의 죄 때문도 아니고 하나님께서 하시는
일을 그에게서 드러나게 하시는 것이다"

소경의 입장에서 생각하면 늘 사람들에게 판단 받고 무시 받던 자신의 신체적 문제가 예수라는 분 앞에 오니 하나님의 일을 나타내는 귀중한 축복의 도구가 된 것이다

✝ <아멘 아버지 마음> 주 예수여 오시옵소서

32.

빛, 길, 생명

본질과 형상

- 하나님과 사람

- 질그릇 속의 보화

'본질'을 온전히 드러 내려면

'형상'이 온전하여져야 한다

그래서

사람에게는 '역경과 고난과 연단'이 필요하다

그래서

모세는 40세가 아니라 80세에 쓰임 받았다

그래서

예수님은 십자가에서 죽으시고 부활하셔야 만했다

우리도 온전한

'질그릇 - 나는 아무것도 아닙니다'이 될 때에

그리스도가 보화로 나타나는 인생이 될 수 있다

이것이 하나님께서 사람을 만든 목적이다

나는 이제 아무것도 아닙니다

나는 이제 아무것도 할 수 없습니다

나는 아무것도 아닙니다

나는 그저 질그릇일 뿐입니다

아멘 주예수여 오시옵소서

✝ <아멘 아버지 마음> 주 예수여 오시옵소서

33.

빛, 길, 생명

교회와 세상

세상은

하나님이 지으신

사람을 붙잡아서

사탄의 백성이 되도록 교육하고 훈련시키는 곳이다
마치, 바로 가육신의 양식으로 이스라엘을 사로 잡아
자기의 영광을 위하여 국고성을 쌓게 했던 것처럼

그러나

교회는

영원하신 아들의 생명으로 사람을 사서 하나님을
섬기며 그를 표현하는 나라가 되게 하는 곳이다

교회는

사람을 사람답게 하고, 사람을 하나님의 표현의
도구(하나님의 형상)로서의 영광을 얻게 함으로
써 헛된 영광에 노예가 된 만민을 철장권세로
질그릇 부수듯 심판하고, 새사람으로 다시 나게 하여
하나님의 성품에 참여하고 그와 하나되어
그 분의 몸 되게 한다

✝ <아멘 아버지 마음> 주 예수여 오시옵소서

34.

빛, 길, 생명

십자가, 끝냄과 시작

예수님이 오신 것은

우리를 변화시키러 오신 것이 아니라

우리를 끝 내려 오신 것이다

그래서 십자가에서

우리의 '옛사람'이 끝나고,

부활하셔서

'새사람'으로 살 수 있게 하신 것이다

이것이

재창조, 곧

거듭남이다

✝ <아멘 아버지 마음> 주 예수여 오시옵소서

35.

빛, 길, 생명

종교와 생명

우리가

하나님을 찾는 것은

우리에게 하나님이

필요하니까

무엇을 해 달라고,

무엇을 도와 달라고

찾는 것이고(종교)

하나님이

우리를 찾는것은

우리를 배필로 찾는 것이다(생명)

나는 예수십자가

안에서 하나님의

배필이 되었다

✝ <아멘 아버지 마음> 주 예수여 오시옵소서

36.

빛, 길, 생명

교회와 세상(2)

제주도에 왔습니다

세상은 오늘도

나와 다르다고

으르렁 거리며 싸우고 있습니다

다르다는 것은

세상에서는 아주 나쁜 것입니다

그러나 교회는

나와 똑같은 사람만 있어서 교회가 되는 것이 아니라,

나와 다른 사람이

있어서 교회가 되는 것입니다

그러므로 우리는

나와 다른 사람을 소중하게 생각해야 합니다 그것이 교회가 건축 되는 비결입니다

나는 교회입니까?

세상입니까?

✝ <아멘 아버지 마음> 주 예수여 오시옵소서

37.

빛, 길, 생명

등대와 십자가

제주도에 왔습니다

제자리에 꼼짝없이

서 있는 '등대'를 보았습니다

망망한 바다 위에

떠 있는 배들이

방향을 찾는 것은

제자리 어서 있는

등대 때문입니다

십자가에 달려서

꼼짝하지 못 하시는 예수님 때문에

길을 잃어 버린 인류가 길을 찾았습니다

십자가 예수님 안에서 발견되는 사람은 더 이상
방황하지 않습니다

✝ <아멘 아버지 마음> 주 예수여 오시옵소서

38.

빛, 길, 생명

십자가 앞에서

그분의 주문은

거룩이었지만

나는 거룩하지 못했고

그분의 주문은

진실이었지만

나는 진실하지 못했다

나는 그제서야

오호라

나는 곤고한 사람이로다 누가 사망의 몸에서
나를 건져내랴

고백할 수 밖에 없었고,

십자가 예수 속에 포함되지 않고는

살 수 없는 존재로

발견 되었다

주 예수여

오시옵소서!

✝ <아멘 아버지 마음> 주 예수여 오시옵소서

39.

빛, 길, 생명

하나님의 충만

하나님의 충만은

하나님 자신이다

하나님으로 충만해야 하나님을 표현할 수 있다

어떻게?

그 생명이라야

그 생명을 표현할 수 있다

'개'라야 '개'를 표현하지

'개'로 '소'를 표현할 수는 없다

오늘도

종교는

노력으로

의지로

헌신으로

충성으로

순종으로

하나님을 높이려

하지만,

생명이 아닌것은

생명을 표현할 수

없다

'내가 그리스도와 함께 십자가에 못 박혔나니

이제는 내가 사는 것이 아니요

그리스도가

사는 것이다'

(갈2:20)

✝ <아멘 아버지 마음> 주 예수여 오시옵소서
제주의 아침에 바다를 바라보며

40.

빛, 길, 생명

참된 패배

참된 패배는

돈을 못번 것도 아니요

직장을 못 얻은 것도 아니요

성공을 못한 것도 아니요

출세를 못한 것도 아니요

결혼을 못한 것도 아니요

종교가 없는 것도 아니요

빛이신 하나님을

만나지 못해

혼돈과 공허와 어둠 가운데 살고 있는 것이다

✝ <아멘 아버지 마음> 주 예수여 오시옵소서

41.

빛, 길, 생명

새 날이 왔다

달걀 안에는 병아리가 자란다

어느 날

그 껍질을 깨고 나오면, 병아리 이외의 모든 것들이 사라지고

새로운 생명의 세계가 나타난다

이것이 거듭 남이다

이것이 부활이다

아브라함의 100세

모세의 80세

야곱의 130세

나에게도

새날이 왔다

어느 날

십자가에 달리신 예수님 속에서 나를 발견했는데

그와 함께 죽고

그와 함께 부활 했다

그제서야

나의 세계가

- 옛 하늘과 옛땅

끝나고

그리스도의 세계

- 새 하늘과 새 땅이 열렸다

'사람이

거듭나지 아니하면 하나님 나라를

볼 수 없느니라'

✝ <아멘 아버지 마음> 주 예수여 오시옵소서

42.

빛, 길, 생명

첫 사랑

교회가 지켜야 할

가장 소중한 가치는
(계2:2~4)

'처음사랑'을

회복하는 것 입니다

그것은 내가 처음주님을 만났을 때흘리던
눈물, 콧물이 아닙니다

'처음사랑'은

- 가장 으뜸인 것,

가장 귀중한 것으로

'이기는 사람에게는 내가 하나님 낙원에 있는
생명나무의 열매를 주어서 먹게 하겠다'

바로 생명나무의 열매를 먹게하여 생명을
회복하는 일이라는 말씀입니다

그래서 예수님은

"생명의 떡" "나를 먹으라"고

하셨습니다

자신이 양식이 되어 우리로 땅 위에서

하나님을 표현하며 살아가게 하시는 것입니다

예수 그리스도는

우리 앞에 다시 나타난 "생명나무"입니다

이것이 교회의 유일하고 영원한 가치입니다

✝ <아멘 아버지 마음> 주 예수여 오시옵소서

43.

빛, 길, 생명

귀있는 자는 들을 지어다

"들을 귀가

있는 자는 복되도다"

사람들은 모두

자기가 듣고 싶은 것 만 듣는다

그러나

구원 받은 자는

들려 오는 소리를

들었던 사람들이다

나에게도

그 소리가 들렸다

내가 피조물이란

소리가 들려 왔는데

창조주 하나님이

알아졌다

이것이 나에게

구원이 되었다

들을 귀가 있는 자는 복되다

✝ <아멘 아버지 마음> 주 예수여 오시옵소서

45.

빛, 길, 생명

십자가에 달린 예수

물을 포도주로 변화시키신 예수,

바다 위를 걸으신 예수,

오병이어로 오천명을 먹이신 예수등등은

누구나 읽으면 알 수 있는 예수이다

이런 초자연적인 기적들은 모든 종교에 다 있다

그래서 오늘도 모든 종교들은 이런 기적을
바라 보며 찬양과 경배를 돌리고 있다

참 예수를

어디서 만날 수 있는가 십자가에 달리신
예수 안에서만

예수를 만날 수 있고

예수안에 포함되어서야 참예수를 만날 수 있다
(고전1:30)

이것이 거듭 남이고

하나님의 나라다

✝ <아멘 아버지 마음> 주 예수여 오시옵소서

44.

빛, 길, 생명

힘들다는 것은

힘들다는 것은

아직도 힘이 남아 있기 때문입니다

십자가는

힘이 끝난 사람만 통과할 수 있는 문입니다

✝ <아멘 아버지 마음> 주 예수여 오시옵소서

46.

빛, 길, 생명

빈 손의 축복

세상의 모든 종교는

신에게

나의 무엇인가를

즉나의 공로(열심, 충성, 순종등등)를

들고가야 복을 받는다고 가르쳤다

그러나

하나님은 빈손으로 온자에게 복을 주시는 분이다

✝ <아멘 아버지 마음> 주 예수여 오시옵소서

47.

빛, 길, 생명

사람을 찾습니다

아담아 네가 어디 있느냐?

사람이 사람을 잃어 버렸습니다

더 이상 사람을 볼 수 없고, 찾을 수도 없습니다

이것이

사람 불행의 시작입니다

개가 소처럼 살 때 행복할까요?

물고기가 새처럼 살 때 행복할까요?

사람도 마찬가지입니다

사람도 사람이 아닌 그 어떤 것으로 살면 행복 할
수도 감사할 수도 없습니다

그러므로

사람을 찾는 것이

행복을 찾고

감사를 찾는 것입니다

우리는 어디서

잃어버린 사람은 찾을 수 있을까요?

내가 그리스도와 함께 십자가에 못박혔나니 그런 즉 이제

내가 사는 것이 아니요 내 안에 그리스도가 사는 것이라

십자가에서 그리스도와 함께 죽고

함께 다시 난 사람이

바로 참 사람입니다

그래서 십자가에 달린 예수가 참사람인 것입니다

나는 십자가에 달린 예수님 속에서 나를 발견했을 뿐인데
사람을 찾았고

사람이 되었습니다

더 이상 죽어도 여한이 없습니다

✝ <아멘 아버지 마음> 주 예수여 오시옵소서

48.

빛, 길, 생명

소유와 존재

세상에는

소유(돈, 명예, 인정, 직분, 쾌락등등)밖에 없습니다

그래서 사람들은

그 소유 속에서

나를 찾으려고

살아가고 있습니다

문제는

소유는 끝이 없다는 것입니다

왜냐하면

인간은 하나님을

떠나 '밑 빠진 독'이 되었기 때문입니다

그러므로

소유속에서는

만족 - 정체성을

찾을수없습니다

기도도

예배도

찬양도

은사도

충성도

순종도

그 무엇도

내가 존재 안에서

발견되지 못하면

이 모든 것도

소유일 뿐입니다

존재는 어디에 있습니까?

"너희는 하나님께로부터 나서 그리스도 예수 안에 있고

예수는 하나님께로 나와서 우리에게

지혜와 의로움과 구속함이 되셨으니"

(고전1:30)

그리스도예수안

- 십자가안에만

우리의존재

- 구속이 있습니다

이것이 바로

하나님이 창조한

"나" - 존재

새사람, 새생명

재창조, 거듭남입니다

십자가 예수안에서 나를 보여 주신 주님을 찬양합니다

✝ <아멘 아버지 마음> 주 예수여 오시옵소서

49.

빛, 길, 생명

사람

사람은

하나님의 형상으로 창조 되었다

'형상'은 그릇인데

그릇은

스스로의 정체성이 없고 거기에 무엇이
담기느냐가 곧 그릇의 정체성이다

밥이 담기면 밥그릇,

국이 담기면 국그릇,

결국 사람은

담긴 것을 표현할 수 밖에 없다

하나님의 소원은

그 그릇에 하나님이 담겨 하나님을 표현하는 것이 바로
하나님이 사람을

창조하신 이이유다

세상에는

두 종류의 사람이 있는데,

자기를 표현하는 사람(=사탄을 표현)과 하나님을
표현하는 사람 뿐이다

구원은

자기를 표현하는 사람이 십자가에서

예수님과 함께 죽어

하나님을 표현하는 사람이 되는 것이다

"내가 그리스도와 함께 십자가에 못박혔나니
그런 즉 이제 내가 사는 것이 아니요 내 안에
그리스도가 사는 것이라"

십자가 예수 안에서 나를 보여 주신 하나님을 찬양합니다

✝ <아멘 아버지 마음> 주 예수여 오시옵소서

50.

빛, 길, 생명

내 뜻대로

사람들은 모두

내 뜻대로(내소원, 내기대, 심지어 신앙 생활조차도)

되기를 원하며 열심히 살아가고 있습니다

내 뜻대로 되는 것은

내 나라를 만들고 싶어하는 것입니다

그러나

내 뜻대로 사는 사람은 하나님 나라에

들어갈 수 없습니다

하나님 나라는

하나님의 통치에

순종하는 나라이기 때문입니다

사람이 거듭나지

아니하면

하나님 나라에

들어갈 수 없느니라

내 뜻대로 마옵시고 아버지 뜻대로 되기를 원하나이다

✝ <아멘 아버지 마음> 주 예수여 오시옵소서

52.

빛, 길, 생명

죽어봐야 사는 걸 알지

떨어져봐야

내가 높아졌었다는 걸 알지,

허무해져 봐야

내가 헛된 것으로

가득찼었다는 걸

알지,

실패해봐야

내가 붙들고 있던 것이 썩은 동아줄인 것을 알지,

어두워져봐야

내가 본다는 것이

거짓이었다는 것을

알지,

길을 잃어봐야

나는 길을 모르는 사람이라는 것을

알지,

절망의 끝에서 봐야

세상에는 소망이 없다는 것을 알지,

내가 십자가에서

죽어야, 끝나야

예수님이 십자가에서 왜 죽고 다시 사셨는지를 알지

✝ <아멘 아버지 마음> 주 예수여 오시옵소서

51.

빛, 길, 생명

하나님의 일꾼

하나님의 일꾼,

하나님의 사람은

하나님의 일을 하는

사람이 아니라

하나님이

그를 통해 나타나는

사람입니다

✝ <아멘 아버지 마음> 주 예수여 오시옵소서

53.

빛, 길, 생명

목 마름

사람은 그 무엇에도

만족이 없다

“이물을 먹는 자 마다 또 다시 목마르려니와”

먹어도 마셔도

‘목마름’ 뿐이다

하나님을 떠난 인간은 ‘밑빠진 독’이요

물 밖에 던저져 파닥거리는 고기일뿐,

이것이

어려서부터 오랫동안 교회를 다녔지만

선교사가 되고 목사가 되었어도……

하나님을 만나지 못했던 내 영혼의 목마른 고백이다

난 여기서 하나님을 놓았다

나에게 하나님은 없었다

그 순간 깊은 어둠 속에서 십자가에 달려
울부짖으시는 예수님과 응답 없으신 하나님이
빛으로 보여졌는데 그 속에 내가 있었다

예수님과 나는 한운명이었다

내 인생이 통째로 십자가에 던져졌다

마치물 밖에 튀어 나와 파닥거리는 고기를
들어 물에 놓아 주신 것처럼

와우! 그런데

나에게 만족이 오고 안식이 왔다

더 이상 목 마르지 않다

여호와는 나의 목자시니 내가 부족함이
없으리로다는 말씀이 내게 이루어졌다

<아멘 아버지 마음> 주 예수여 오시옵소서

54.

빛, 길, 생명

어린아이

하나님이 빛이

내게 비추어졌을 때

나는 '어린아이'로

발견 되었다

그런데

예수께서 대답하여 가라사대 천지의 주재이신
아버지여 이것을 지혜롭고 슬기있는 자들에게
숨기시고 '어린아이'들에게는 나타내심을
감사 하나이다

어린 아이가 되니

이것도 감사하고

저것도 감사하고

이것도 은혜고

저것도 은혜고

내가 간장종지가

되니 1만 있어도

은혜가 넘칩니다

내가 질그릇이 되니

그리스도의 보화가 담기게 되었습니다

살아 계신 주님을 찬양합니다

✝ <아멘 아버지 마음> 주 예수여 오시옵소서

55.

빛, 길, 생명

순풍에 돛단 배는

순풍에 돛단 배는

힘들이지 않고

물 흐르듯 물 위를 나아갑니다

물은 흐르는데

힘이 들지 않습니다

왜냐하면

물은 위에서 아래로 흐르도록 창조되었기 때문입니다
사람도 조금도 부족함이 없도록, 조금도 힘들지
않도록 창조되었습니다

힘들다는 것은

걸어 다니도록 창조했는데, 물구나무 서서 걷기
때문입니다

즉 거역,

사람의 자리를 떠나

사람 아니게 살기 때문에 힘이 든것입니다

구속은

사람의 자리로 돌아오는 것 입니다

사람의 자리는

어디 있나요?

(고전1:31) "너희는 하나님께로부터 나서
그리스도 예수 안에 있고"

예수안에 있습니다

✝ <아멘 아버지 마음> 주 예수여 오시옵소서

56.

빛, 길, 생명

이 영광이 보이면

우리는 창조될 때 하나님의 형상을 따라
그 모양대로 만들어져서 그분을 표현하는
영광스러운 직분으로 운명 지어졌다

이 영광을 알면 다른 것에 기웃거리지 않게 된다

이것이 명확하게 보이면 그리스도와 함께한
영광의 후사로서의

축복외에는 어떤 것도 눈여겨 볼 것이 없게 된다

✝ <아멘 아버지 마음> 주 예수여 오시옵소서

57.

빛, 길, 생명

보시기에 심히 좋았더라

이 말씀은

하나님께서

사람을 지으시고

만족하시고

기뻐하시시며 하신 말씀입니다

사람은 조금도 부족함이 없도록 지어졌습니다

사람으로 태어난 것이 복입니다

이것이 보여지고

믿어지는 것이

구원입니다

나는 오랜 세월

신앙생활을 하고

목사가 되고

선교사로 살았지만

단 한 번도

내인생에 만족 함이 없었습니다

그러던 어느날

빛이 있으라!

하시는 말씀이

내게 비쳐졌을 때

나의 옛 사람(열등, 비교, 소유 등)은

떠나가고

새 사람 되었습니다

나는 이제 조금도 부족함이 없습니다

하나님은 오늘도

빛이 있으라!

말씀 하시며

빛을 비쳐주시는 분이십니다

✝ <아멘 아버지 마음> 주 예수여 오시옵소서

58.

빛, 길, 생명

안식일

30년 목회에

안식이 없었다

늘 분주하고

늘 요동하고

늘 일 해야 했고

- 새벽 기도, 예배 준비, 매일Q. T, 기도, 말씀,
전도, 심방, 세미나, 선교, 봉사....

안식일은 온 데 간데 없고 수고하고 무거운 짐만
내 어깨에 얹혀졌다

도저히 되지 않자,

급기야 안식은 죽어서 천국에서 누리는 것으로 치부했다

나는 지쳐가고,

영적으로 탈진했고

몸은 망가지기 시작했다

모든 것이

내 뜻대로 되야

안식이 되는 줄 알았다

그런데 이제

나는 아무것도 할 수 없는 사람이 되었다

이때

하나님의 말씀이 내게 빛으로 비쳐졌다

"내 뜻대로 마옵시고 아버지 뜻대로 되기를 원합니다"

예수님의 말씀이

내게 찾아오셨다

모두가 떠나

광야한 복판에서

엉엉 울고 있는

어린 아이 같은

나에게,

목자가 없으면

아무것도 할 수 없는

어린양 같은 나에게

내 어깨를 짓 누르던 모든 짐이 벗어졌다

내 뜻이 내려졌다

아~

기다렸다는 듯이

내게 안식이 왔다

내 모든 뜻이 내려지자 하나님 아버지의 뜻이
보이기 시작했다

나는 그저 목자앞에 어린 양으로,

아버지 앞에

어린 아이로,

창조주 앞에

피조물로

발견되었을 뿐인데 안식이 왔다

여호와는 나의 목자시니 내가 부족함이 없으리로다

이 말씀이 내게 응한 것이다

안식일은 내가 지키는 것이 아니라,

내가

'안식하는 사람'이 되는 것임을 알게 되는 시간이었다

나는 이제 안식 안에 있습니다

그 분이 일하시면

나도 일할 뿐입니다

✝ <아멘 아버지 마음> 주 예수여 오시옵소서

59.

빛, 길, 생명

죽은 자와 산 자

"살았다하는 이름을 갖았으나 실상은
죽은 자로다"

세상에는 두 종류의 사람 밖에 없다

산 자와 죽은 자,

아담과 그리스도,

나를 위해 사는 자는 죽은 자요,

너를 위해 사는자는 산 자다

나를 표현하기 위해 사는자는 죽은 자요

하나님이 그 사람을 통해 표현되는 자는 산자다

✝ <아멘 아버지 마음> 주 예수여 오시옵소서

60.

빛, 길, 생명

저가 내 안에 내가 저 안에

예수님을 말하려는데

나로 말할 수 밖에 없고,

나를 말하려는데

예수님을 말할 수 밖에 없다

✝ <아멘 아버지 마음> 주 예수여 오시옵소서

01.

빛, 길, 생명

부끄러움

오랜 세월,

나는 부끄러움을

가려 보려고 애썼지만 그 어떤 것으로도

나의 부끄러움을 가릴 수가 없었다

이제와 알게 되는 것은 인생은 결국

돈, 직분, 명예, 인정

등등으로 자신들의 수치를 가리려는 옷을,
가면을 쓰는 것임을 알게 되었다

마치 아담이 선악과를 먹고 나무 뒤에 숨었던 것처럼

그러나

'소유로 존재'를

가릴 수 없었다

예수님은 벌거 벗은 채로 십자가에서

못 박히셨다

그를 가렸던

모든 옷과 모든 가면: 이적, 기적 등등이 벗겨지고,

'사람 - 하나님이 창조했던 그 사람'만 남았다

하나님은 이 예수님을 보고 이는 내 사랑하는 아들이요
내 기뻐하는 자라 하셨다

이 자리가 '존재의 부끄러움'이 끝나는 자리이다

하나님의 빛이

내게 비추어졌을 때

십자가에 달린 예수님 속에 내가 포함되어 있었다

놀랍게도 그 자리에서 내 옷과 가면도 벗겨지고
비로소

나의 부끄러움이

끝났다

나는 더 이상 벗겨질 옷이 없는 '사람'으로 드러났다

✝ <아멘 아버지 마음> 주 예수여 오시옵소서

62.

빛, 길, 생명

천국과 지옥

내 필요를

따라 살면

지옥,

하나님 필요를

따라 살면

천국!

✝ <아멘 아버지 마음> 주 예수여 오시옵소서

03.

빛, 길, 생명

천국과 지옥(2)

소유로 살면

지옥,

존재로 살면

천국.

✝ <아멘 아버지 마음> 주 예수여 오시옵소서

64.

빛, 길, 생명

천국과 지옥(4)

부족함이

은혜임을 아는 사람은

천국을 사는 것이요

부족함이

불행인 사람은

지옥을

사는 것 입니다

✝ <아멘 아버지 마음> 주 예수여 오시옵소서

05.

빛, 길, 생명

천국과 지옥(5)

인생이

0점(흙)으로

발견되면 천국을 사는 사람이지만,

오늘도 100점 인생을 추구하는 사람은

지옥을 사는 사람입니다

✝ <아멘 아버지 마음> 주 예수여 오시옵소서

67.

빛, 길, 생명

천국과 지옥(7)

천국은

거듭나지 아니하면

하나님 나라에 들어 갈 수 없느니라

거듭 남은

내 행위(도덕적, 윤리적)가 변화되는 것이 아니라

내 생명(아담 - 옛생명) 이 십자가에서 끝나고

새 생명(그리스도 - 새생명)으로 다시 사는 것입니다

즉, 생명이 바뀌는 것입니다(롬6:4)

✝ <아멘 아버지 마음> 주 예수여 오시옵소서

66.

빛,길,생명

천국과 지옥(6)

농부이신 하나님과

(요15장)

흙으로 지어진 사람

(창2장)

과의 '연합'을 아는 사람, 보이는 사람은 천국을 사는 사람입니다

✝ <아멘 아버지 마음> 주 예수여 오시옵소서

08.

빛, 길, 생명

천국과 지옥

천국은 마치

'밭에 감추인 보화'와 같다

하나님은 사람을 흙으로 만드셨다

흙은

가장 약하고

가장 보잘 것 없고

모든 더러운 거름들이 버려지는 곳이고

한마디로

만물의 찌끼다

그런데

이 흙에서

동식물들이 먹고 사는 모든 것이 이 흙어서 생산된다

즉심은 대로 내는 것이 흙이다

하나님은 농부시니

이 흙에다

당신의 생명 - 씨를

뿌리셔서

사람(흙) 속에서

하나님의 마음과 성품 - 그리스도를

거두시는 분이시다

이 사람이야 말로

보화가 아니고

무엇이란 말인가!

사람이 보화로 보여지는 사람은

천국을 사는 사람입니다

✝ <아멘 아버지 마음> 주 예수여 오시옵소서

69.

빛, 길, 생명

하나님 나라

나는 천당에 가 보지 못해서 잘 모릅니다

그러나

거듭나서

(십자가에서 함께 죽고 다시 남)을 통해

하나님의 통치

(하나님 나라)안에 살게 되었습니다

여기에 살게 되니

이전 세상과는 전혀 다른 세상이 경험되었습니다

전에 나는

신학도 하고,

목사도 되고,

선교사도 되고,

교수도 되었으니

나는 내가 '머리'인 줄 알았습니다

그러던 어느날

교회의 머리는 그리스도 밖에 없다는 말씀이
내게 들려오자

나는 그저

'교회의 한 지체'에 불과하다는 것이 보여졌습니다

이 세계에는

우열이 없고,

높고 낮음도 없고,

서로 없으면 안 되는, 서로 지체가 되어

한 몸으로 그리스도 만을 표현하는 세계가 열렸습니다

그러자

"마땅히 생각할 그 이상의 생각을 품지 말고,
오직 하나님이 각 사람에게 나눠 주신 믿음의
분량대로 지혜롭게 생각하라"(롬12:3)는 말씀이
온전히 내게 임하여 졌습니다

비교의 세계가 끝났습니다

평안이 있고

안식이 있습니다

비천한 나를

하나님 나라로 옮겨 주신

하나님을 찬양 합니다

✝ <아멘 아버지 마음> 주 예수여 오시옵소서

10.

빛, 길, 생명
십자가에서

눈에도 보이지 않는

코로나19 바이러스로 인해 나라가 온통

요동치고 있습니다

그러나 십자가 안은 고요합니다

마치, 지성소안처럼

왜일까요?

전인류를 감염시킨

치명적 바이러스가 있습니다 그것은

바로 '선악과' 라는

바이러스입니다

여기에 감염되면

판단, 비판, 지적질

분열, 인생의 무의미, 허무, 어둠 그리고 결국
사람의 길을 잃고 지옥의 삶을 살게 됩니다

선악과는

사탄의 뿌린 씨로

이것을 먹은 자는

하나님 같이 될 수 있다는 거짓에 속아

내 맘대로, 내 뜻대로 살게 됩니다

신앙 생활 조차도

내 목적과 내 뜻을 이루기 위해 합니다

하나님을 우상처럼 섬깁니다

예수님을 나에게 혜택을 베푸는 알라딘
요술램프처럼 믿습니다

빗나간 화살이요,

부모 잃은 고아요,

집 나간 탕자입니다

이것이 바로

저주요

죽음이요

지옥이요

심판입니다

문제는 이 세상에는

해독제가 없다는 것입니다

지으신자 하나님은 이런 우리에게

묻습니다

네가 무슨 짓을 했느냐?가 아니라

네가 어디 있느냐?

어떤 행위 가죄가 아니라

'사람'의 자리를 이탈한 것이 죄입니다

사탄이 자기 위치를 이탈한 것처럼

십자가는

무엇입니까?

본래 '사람의 자리'를 보여 주는 것입니다

그 자리는

나의 목적과 필요가 끝나는 자리입니다

동시에 하나님의 필요가 시작되는 자리입니다

내가 죽고 그리스도가 사는 자리입니다

그리스도의 부활이 일어나는 자리입니다

천국이 열리는 자리입니다

교회가 시작되는 자리입니다

유대인과 이방인이 하나되는 자리입니다

너와 내가 하나되는 자리입니다

"다이루었다"

✝ <아멘 아버지 마음> 주 예수여 오시옵소서

71.

빛, 길, 생명

나로부터의 자유

나로부터

자유할 수 없었다

아무리 예배를 드리고 아무리기도를 해도....

나로부터

자유할 수 없는 것은 곧 죄로부터 자유할 수 없는 것이다

늘 죄는 떠나지 않고 죄책감은

그림자처럼 나를 따라 다녔다

어느 날

하나님의 빛이 내게 비췄고, 십자가에 달린 예수님 속에 포함되어 있는 나를 보게 되었고, 그와 함께 죽고 그와 함께 살게 되었다

내가 죽고

그리스도가 살았다

십자가는 내가 끝나는 곳이다

모세의 40세가 끝나고 80세가 되는 자리

아브라함이 100세가 되는 자리,

번제로다 태워지고 재, 먼지, 흙으로 돌아가는
자리가 알아졌다

"흙이니 흙으로 돌아갈 지니라"는 말씀이 저주가
아니라 축복인 것이 알아졌다

나는 하나님이 쓰시기 위해 흙으로 지어 진피조물인
것이 알아졌는데,

나로부터 자유가 왔고, 죄로부터 자유가 왔다

✝ <아멘 아버지 마음> 주 예수여 오시옵소서

72.

빛, 길, 생명

사람

사람은

하나님의

생명을 받아

하나님의 마음을

표현하고,

하나님의 성품을

표현하고,

하나님의 생명을

표현하여,

하나님 대신 세상을 통치하며 이 땅을 하나님
나라가 되게 하기 위해 지어진 존재입니다

이것을 떠나면

사람은 아무것도

아닙니다

✝ <아멘 아버지 마음> 주 예수여 오시옵소서

73.

빛, 길, 생명

사람

- 그 길을 잃다

오래전 일이지만,

등산 후하 산길에

길을 잃어 버렸다

해는 지고,

어둑 어둑 해져 오는 데 가도가도 길은 보이지 않고,

그 불안과 두려움과 공포……

사람이

끝도 없는 불안에

시달리는 것은

그 심연에

'사람의 길'을 잃어버렸기 때문은 아닐까?

부모 잃은 고아가

늘 불안하듯이

나도 예외는 아니었다

인생의 길이 보이는가?

사람의 길이 보이는가?

그 허기짐에 지쳐서

우리는

'인생 길 없음'을

애써 인정해 보지만

여전히 우리는 잃어버린 길을 찾고 있는 것은 아닐까?

마치,

로마신화의

'시지프스'처럼

사람이 길을 잃어 버렸다는 것은

사람에게 길이 있다는 것을 전제한다

길은 무엇인가?

내게 비쳐 진 빛으로는

개가 개로 사는게

개의 길이고,

소가 소로 사는게

소의 길이다

사람도 사람으로

사는 것이 사람의 길이다

사람의 길을 잃어 버렸다는 것은

사람의 원형을

잃어버린 것과 같다

그래서 하나님은

“네가 어디 있느냐?”고 물으시는 것이다

사람의 원형을

어디서 찾을 수 있는가?

그것이 바로

십자가에 달려 있는 예수다

예수가 사람의 원형이다

우리는 오직

유일하게 거기서만

잃어버린 사람을 볼 수 있고, 거기서만 잃어버린
사람의 길을 찾을 수 있다

십자가(죽고 다시 사신)에 달린 그 사람 예수가
나로 보일 때 사람의 길이 열린다

사람이 사람으로

사는 삶은 참 쉽다

땀 흘리지 않아도 된다

고기가 물 속에 사는 데 땀 흘릴 필요가 있겠는가?

물이 위에서 아래로 흐르는 데 힘들 필요가 있는가?

세상에서 제일 힘든 것이 사람이 사람으로 살지
않는 것이다

✝ <아멘 아버지 마음> 주 예수여 오시옵소서

74.

빛, 길, 생명

사람이면 된다

하나님은 농부시다

(요15장)

흙으로 사람을 지으셨다

사람은 흙의 운명,

흙의 존재가 싫어서

사탄의 말을 듣고

선악과를 먹고

그때부터

하나님처럼 되어

자기 뜻대로

자기 맘대로

살게 되었다

흙의 자리

흙의 운명을

떠나게 된 것이다

하나님이 찾아 오셨다

길가밭, 돌짝밭,

가시떨기 밭으로

버려져 있는 사람을 찾아오셔서

과정

(고난, 역경, 절망)을

거치면서 길가밭,

돌짝밭, 가시 떨기 밭을 갈아 엎으셔서

흙만 남게 하시고

거기에 당신의 생명

- 씨를 뿌리셔서

30배 60배 100배의 결실을 맺게 하신다

흙이면 된다

사람이면 된다

✝ <아멘 아버지 마음> 주 예수여 오시옵소서

75.

빛, 길, 생명

길

선악과(지식)를

먹으면,

바벨론의 길로 가고

생명과(십자가 예수)를 먹으면,

새 예루살렘의 길로 간다

✝ <아멘 아버지 마음> 주 예수여 오시옵소서

76.

빛, 길, 생명

한 운명

바다에서
한 배를 탄 사람들은
한 운명이 듯이,
십자가에서
예수와 함께 죽고
다시 난 사람은
예수와 한 운명이 된다

✝ <아멘 아버지 마음> 주 예수여 오시옵소서

77.

빛, 길, 생명

사람이면 되는 나라
흙이면 되는 나라

하나님 아버지는

농부시다

농부는 오늘도

당신의 씨(생명)를

뿌릴 땅(사람 - 흙으로 지으시고)을 찾고 계십니다

사람들은

흙의 운명이 싫어서 선악과를 먹고

흙의 자리(사람의 자리)를 떠났습니다

하나님을 떠나

사람의 힘과 능력으로 만든 밭이 결국

길가밭, 바위밭,

가시 떨기 밭입니다

비유로 말하자면

흙 위에

(발전, 성공, 출세 등의 이름으로)

아스팔트가 깔리고

시멘트가 덮혔 습니다 이것이 인류의 문명,
문화라는 것입니다

인류의 문명은 계속 발전하고 있는지 모르지만,

시멘트가 덮히고

아스팔트가 덮힌 땅에는 '씨 - 생명'을

심을 수가 없습니다

농부이신 하나님 아버지의 계획은

당신의 씨 - 생명을

흙 - 사람에게 뿌려,

하나님의 생명과 성품과 마음을 온 세상에 분배하여,

하나님 나라를 세우시는 것입니다

그래서

농부이신 하나님 아버지는 우리에게 묻고 있습니다

"아담 아네가 어디에 있느냐?"

"사람이면 된다"

"흙이면 된다"

좋은 땅은

흙만 남은 땅입니다

존재만

남은 사람입니다

그 사람을 우리는 어디서 볼 수 있습니까 십자가에
달려있는 예수님에게서 볼 수 있습니다

그 십자가 안에

우리가 있습니다

내가 있습니다

✝ <아멘 아버지 마음> 주 예수여 오시옵소서

78.

빛, 길, 생명

오늘도 내기도는 짧고 영원합니다

종교의 세계,

율법의 세계,

행위의 세계에 살 때 내기도는

늘 길어야 하고

분량을 채워야 하고

성대결절이 자랑스러울 때가 있었다

그래야

카타르시스가 오니까

그러던 어느날!

주님은

나를 모른다 하셨다

충격이었다

성대가 나가도록 기도했고, 눈물을 쏟으며기도 했고,
나라와 민족과 열방을 위해 금식하며 기도했고
항변했지만

아버지는 답이 없으셨다

그리고

이 한방에 나의 기도는 끝났다

“내 뜻 대로 마옵시고 아버지 뜻대로 되기를 원합니다”

이제 나의 기도는

짧고 영원하다

내 뜻대로 마옵시고 아버지 뜻대로 되기를 영원히
원합니다

✝ <아멘 아버지 마음> 주 예수여 오시옵소서

79.

빛, 길, 생명

오늘은 영원한 내 생일

신앙 생활을

오래했지만

내 생일을 축복이라고 생각해 본 적이 별로 없었다

나는 왜 태어난 걸까?로 시작해서

불평과 원망

저주와 무의미

해석되지 않는 인생……

땅은 혼돈하고 공허하며 깊은 흑암 가운데 있었다

거기에

"빛이 있으라!"

하셨다

빛이

비쳐졌고

어둠이 걷혔다

물 가운데 덮혔던

땅이 드러났다

드디어

씨(하나님의 생명)가 뿌려지고

싹이 나고 줄기가 올라가고 잎이 나고

꽃이 피고 열매가

몽글 몽글 맺히기 시작했다

죽었던 나는 거듭났다

전적인 그분의 은혜로

처음으로 나를

낳아주신 부모님께

감사와 영광을 드렸다

나를 이 땅에 보내주신 하나님 아버지께

감사와 영광과 존귀를 찬양을 드립니다

그 분에 의해

그 분으로 말미 암아

그 분을 위해

그 분 때문에

살게 되었는데

조금도 부족함이 없고, 죽어도 여한이 없는
영생의 삶을 살게 되었습니다

"내가 그리스도와 함께 십자가에 못 박혔나니
그런 즉 이제 내가 사는 것은 아니요
내 안에 그리스도 가사는 것이라"

✝ <아멘 아버지 마음> 주 예수여 오시옵소서

30.

빛, 길, 생명
자존심

자기의의 또 다른 이름

갈등과 분열의

저 깊숙한 곳에

자존심이 숨어 있었다

내가 얼마나 배웠는데,

내가 얼마나 경험했는데,

내가 얼마나 노력했는데,

내가 얼마나 순종했는데,

내가 얼마나 희생했는데,

내가 얼마나……

이것 때문에

다른 사람을 인정하지 못하고,

이것 때문에 마음이 상하고,

이것 때문에

지옥을 살았었구나

알아졌다

하나님은 나를

흙으로 지으셨다

흙은 자존심도

자만심도 없다

그저받는 것 밖에는

흙은

누가 높인다고 높아지는 것도 아니요

누가하대 한다고

낮아지는 것도 아니다

흙은 그저 농부가

뿌리는 씨를 받아

그씨를 발아시켜

30배 60배 100배로 열매를 내어 주인께
드려질 뿐이다

와우

그분이 빛을 비쳐주어 흙으로 발견되었을 뿐인데

개도 안먹는 자존심이 온데 간데 없다

✝ <아멘 아버지 마음> 주 예수여 오시옵소서

81.

빛, 길, 생명

금도끼가 네도끼냐?

사람들은

거의 대부분

금처럼, 더 나아가

다이아몬드처럼 되고 싶어합니다

(세상과 사람들에게 인정받고 싶어서)

그래서

그렇게 되고자

불철주야 노력을 하고 있습니다

나도 그랬습니다

세상에서 인정 받는 목회자, 선교사 ,교수가 되고
싶어서

기도하고

노력하고

책을읽고

연구하고

세미나 찾아 다니고 했습니다

해도 해도 끝이 없어 보이고,

나는 도저히 거기에 다다를 수 없다는 현실이

나를 절망케 했습니다

캄캄해 졌습니다

나는 실패한 사람이었습니다

모든 것이 끝났습니다

나는 절대

금도 다이아몬드도 될 수 없었습니다

절대적 어둠이 찾아왔을 때 한 줄기 빛이 보이기
시작했습니다

'여호와 하나님이 흙으로 사람을 지으시고'(창2:7)

이 말씀은 사망의 그늘(절대적 절망)에 널부러져 있던
나에게 한 줄기 빛이었습니다

하나님은 나를

금으로, 다이아몬드로 지으신 것이 아니라 흙으로 지으셨습니다

나를 지으신 하나님은 농부이시기에

나를 흙으로 지으신 것이 알아졌습니다

어둠이 물러갔습니다

금도, 다이아몬드도 좋지만 거기에는

씨를 뿌릴 수가 없습니다

하나님이 흙으로 나를 지으신 것은

당신의 씨—생명을 뿌려 당신의 열매

당신의 생명,

당신의 성품,

당신의 마음을 거두시려는 것이 알아졌습니다

나는 이제 흙으로

만족합니다

농부의 씨를 받아

농부가 원하는 열매를 낼 뿐입니다

하나님의 마음과 성품과 생명을 표현하는 사람입니다

주님!

저는 이제 부족함이 없습니다

✝ <아멘 아버지 마음> 주 예수여 오시옵소서

82.

빛, 길, 생명

본질과 형상

사람은 관계를 통하여 다시 태어난다

사람도 하나님과의 관계를 통하여

다시 태어난다

'본질과 형상'이

바로 그 관계이다

'전기와 등'

전기가 아무리 우리집까지와도 등이 없으면 빛을 낼 수 없다

'몸과 마음'

마음이 없는 몸을

상상해 보았는가?

역으로

몸이 없는 마음을

상상해 보았는가?

하나님은

기도하면 나타나는 요술램프가 아니고

더군다나

꿈과 환상 속에서

나타나는 그런 분도 아니다

전기와 등이 떨레야 뗄 수 있겠는가?

마음과 몸이 떨레야 뗄 수 있겠는가?

본질과 형상이

떨어질 수 있겠는가

이렇게

알아지니, 참 쉽다

하나님은 먼 곳에 계신 분이 아니고,

하나님의 형상인

내게 오셔서

나를 통해 나타나시고 표현 되는 분이시다

이때에야

나는 조금도 부족함이 없는 사람이 된다

나는 오늘도

하나님을 표현하니 부족함이 없다

✝ <아멘 아버지 마음> 주 예수여 오시옵소서

34.

빛, 길, 생명

영원한 실업자

코로나19로 인하여서 실업자가 많이
늘어나고 있습니다

실업자는

사용해 주는 사람이 없는 사람입니다

그래서 더 슬픈지 모릅니다

그런데

더 슬픈 것은

"인생실업자"입니다

하나님이 사람을 창조하신 것은

하나님의 뜻과 계획에 사용하시려고 창조하셨습니다

그러므로

자신의 뜻과 계획으로 가득 차 있는 사람은 쓸 수가
없습니다

자신의 힘과 능력으로 사는 사람도

쓸수가 없습니다

그래서

하나님은

사람을 흙으로

지으신 것 입니다

흙이어야

심은대로 거둘 수 있기 때문입니다

하나님이 내 인생에 빛을 비쳐주셔야

아 내가 흙이었구나

이렇게 알게 됩니다

나는 흙이상도

흙이하도 아닙니다

나는 영원한

흙인 인생입니다

농부이신 하나님은 오늘도 당신의 생명 당신의 씨를 뿌리기 위해 흙인 인생을 찾고 계십니다

흙으로 발견되지 못한 인생은

이땅에서 아무리 성공하고 인정받았다 할지라도
"영원한 실업자"입니다

흙인 인생을

찾아 오신 하나님을 찬양합니다

✝ <아멘 아버지 마음> 주 예수여 오시옵소서

83.

빛, 길, 생명

빛

눈이 있어도

빛이 없으면

아무것도 볼 수 없습니다

그런데 빛이 와도

내빛

(내가 안다는 것

내가 경험했다는 것

내가 이루었다는 것

내가 배웠다는 것)

이 꺼지지 않는 한

여전히 아무 것도 볼 수 없습니다

십자가는

내빛이 끝나고

새 생명의 빛이 시작되는 곳입니다

✝ <아멘 아버지 마음> 주 예수여 오시옵소서

85.

빛, 길, 생명

단순한 삶

예수님의 십자가 안에서 한 운명으로 발견되니,

아 인생은 단순한 것이었구나 이렇게 알아진다

“풍성아

네가 어디 있느냐?”

이렇게 물으셨는데

평생을

“부끄러워서,

두려워서 숨었습니다”

(이 말은 하나님을 기쁘시게 할 수 없었다는것과 같은 말이었습니다)

이렇게 대답하며

살아왔습니다

그 무엇을 해도

- 기도, 찬양, 예배, 금식, 통독, 선교.....

부끄러움과 두려움을 벗어날 수 없었습니다

아무리 몸부림 쳐봐도

내 스스로 나를 가릴 것이 아무것도 없었습니다

십자가에 달 린예수님이 보이던 날!

"예수 너는 어디에 있느냐?"는 하나님의 물음에 예수님은 대답하셨습니다

"나는 십자가에 있습니다"

여기서

이는

내 사랑하는 아들이요,

내 기뻐하는 자라

하시는 하나님의 음성이 들렸고,

'보시기에 심히 좋았더라' 하시는 말씀이 성취되었다

사람의 원형이 보이는 자리이고,

사람이 흙으로 지으심 받은 그 자리이다

기적도

은사도

능력도

다 떠나간자리,

사람들이 모두 다 싫어 버린자리,

십 자 가

거기서 죽음과 부활이 일어났다

거기서 새 생명이 탄생했다

거기서 거듭남이 일어났다

인생은 단순하다

하나님의

영원한 질문

"풍성아

네가 어디 있느냐?"

나의 영원한 대답

"네 제가 십자가에 있습니다"

✝ <아멘 아버지 마음> 주 예수여 오시옵소서

86.

빛, 길, 생명

믿는 것과 먹는 것

오랜 세월 동안

목사로 선교사로

교수로

하나님을 믿으며

예수님을 믿으며

살아왔다

다른 말로 하면

찬양하며 경배하며 살아왔다

그러나

하나님과 예수님과 '하나'가 될 수 없었다

어둠이 오고

절망이 왔다

아~

안 되는 거구나

사망의 그늘에 앉아

있을 때

예수님이 진흙을 이겨내 눈에 바르고

안수해 주셨다

눈이 떠졌다

"나를 먹는 그 사람은 나로 말미암아 살리라"(요6:57)

"믿는 세계"를 지나

"먹는 세계"가 보여졌다

아~

예수님은 먹히러

오셨구나,

물위를 걸으시는 예수님은 먹을 수 없다다

파도를 잔잔케하시는 예수님도 먹을 수 없다

오병이어로 오천명을 먹이시는 예수님도
먹을 수 없었다

그런데

십자가에 달려

엘리엘리라바사박다니 울부짖으시는
예수님은 내가 먹을 수 있었다

그 안에 내가 우리가 모두 포함되기 때문이다

십자가에 달린 예수님을 먹게 되니

그가 내 안에

내가 그 안에

하나요

한 운명이 되었다

찬양과 경배의 세계를 지나 예수님과 하나님과
하나가 되는 세계가 열린 것이다

"임마누엘"

이것은 실재였다

<아멘 아버지 마음> 주 예수여 오시옵소서

87.

빛, 길, 생명

무엇이 보이느냐

예수님이 소경의 눈에 진흙을 바르고 안수하고
난 후 물으셨다

“무엇이 보이느냐?”

사람이 보이고

나무 같은 것들이

움직이는 것이 보입니다 다시 안수, 기도하자

만물이 보이나이다

눈이 떠져야

사람이 보이고

눈이 떠져야

만물이 보입니다

예수님을

만난다는 것,

하나님을

만난다는 것은

내가 소경이었다는 것을 발견하고

그 분이 안수하셔서

눈이 떠진다는 것입니다

나는 오랫 동안

내가 소경인지도 몰랐습니다

신학을 하고

목회를 하고

선교사를 했지만

나는 정말 내가 소경인 줄 몰랐습니다

십자가에서

주님과 함께 죽고 주님과 함께 다시 살게 되었습니다

내 인생이 안수 받는 날이었습니다

눈이 떠졌습니다

사람이 보이고

만물이 보였습니다

빛이 와야

길이 보이는 것을 알게 되었습니다

나는 지금도

주님의 안수를 갈망합니다

더 깊이 십자가가 보고 싶기 때문이고

더 깊이 사람을 보고 싶기 때문이고

더 깊이 아버지 마음을 만지고 싶기 때문입니다

✝ <아멘 아버지 마음> 주 예수여 오시옵소서

38.

빛, 길, 생명

예수그리스도안에 있으면

어미 닭은

21일동안 물만 먹으며

죽기를 각오하고

알을 품고 있어야

그속에서 알이 부화하여 병아리가 되어
나온다고합니다

이 얼마나 놀라운 일입니까

알속의 세상과

깨고 나온 알 밖의 세상은 전혀 다른 곳입니다

하나님 아버지께서 우리에게 주고자하는 세상도
바로이 세상입니다

홍해를 건너기 전

이스라엘 백성들은 홍해 건너편 세상을 전혀 볼 수도

알 수도 없었습니다

요단강을 건너기 전 이스라엘은

요단강 건너편

가나안 땅을 전혀 볼 수도 알 수도 없었습니다

저도 마찬가지입니다

기독교라는 종교의 강을 건너기 전에는

이런 세상이 있는 줄 전혀 생각할 수도 없었습니다

그러던 어느날

혼돈과 공허와 어둠 속에(알 속에)있던 나에게
빛을 비쳐주셨고 이 사건은

십자가에서

죽기 살기로 나를 품고 계셨던 예수님이라는 사실이
인식되었습니다

십자가는

내 세상이 끝나고

새 세상이 열리는 곳입니다

내가 죽고 그리스도가 사는 곳입니다

흙이 생명 - 씨와 연합 되는 곳입니다

거듭 나는 곳이고

하나님 나라가 시작되는 곳이고

교회가 시작되는 곳입니다

그리스도안에 있으면 이렇게 새로운 피조물이
되는 것입니다

저를 이길, 이 노선으로 인도해 주신 하나님 아버지를
영원히 찬양합니다

✝ <아멘 아버지 마음> 주 예수여 오시옵소서

89.

빛, 길, 생명

십자가와 예수님

물은

낮은 곳으로 흐르고

은혜는

가난한 곳으로 옵니다

예수님이 가신 길이

십자가입니다

십자가는

가장 낮고

가장 가난한 사람이 가는 길입니다

예수님은

십자가에서

가장 낮은 분이 되셨고, 가장 가난한 분이 되셨습니다

거기에서

마르지 않는
생명의 원천이
흘러 나옵니다
그러므로
구속은
행위의 문제가 아니라
위치의 문제입니다
십자가에서
사람의 자리를
보여 주신 주님을
영원히 찬양합니다

✝ <아멘 아버지 마음> 주 예수여 오시옵소서

90.

빛, 길, 생명

십자가는 용광로
율법의 아들 니고데모

니고데모는

성공한 사람(공회원) 출세한 사람,

사회에서 인정받은 사람(랍비).....

뭐하나 부족함이 없는 사람이었습니다

그가 그 자리에 오르기까지 얼마나 힘겨운
노력에 노력을 했겠습니까?

얼마나 말씀, 율법을 지키느라 몸부림쳤겠습니까?

얼마나 많이기도하고, 얼마나 많은 예배를 드리고,
얼마나 많은 절기들을 지키고

얼마나 규칙적인 경건생활을 했을까요

오늘날도 사람들은 니고데모처럼 살고 싶어서
몸부림 치고 있습니다

그런데 그런그가

밤에 이름도 별로 없던 변방의 젊은 예수 찾아왔습니다

예수님은

단호하게

사람이 거듭나지

아니하면 하나님

나라를 볼 수 없다

하나님 나라에 들어갈 수 없다고 하십니다

하나님 나라는 죽어서 가는 나라가 아닙니다

하나님 나라는

한 개인이

어떤 노력을 통해,

말씀을 지키므로,

율법을 따르므로,

거룩한 삶을 살므로 변화되었다고

들어갈 수 있는 나라가 아닙니다

하나님 나라는

단체적인 한 새사람

속에 포함되는 나라입니다

쉽게 말하면

주님의 몸에 지체로 포함되는 나라,

주님의 몸에 접 붙여져서 한 생명, 한 운명이
되는 나라입니다

칼빈이 말했던 것처럼 예수님과 온전히 연합되는
나라입니다

어떻게 우리가 예수님과 연합될 수 있습니까?

바로 십자가입니다

십자가는 용광로 입니다

거기에 들어 가면

'나'라는 옛 사람이 형체도 없이 사라지고,

세상에 대해서는 죽고 하나님에 대하며 만 사는
새사람이 탄생되는 곳입니다

내가 죽고 그리스도가 사는 곳,

'이전 것은 지나갔으니 보라 새 것이 되었도다'

여기에서

모든 사람

유대인, 헬라인, 이방인이 하나되는 곳입니다

'한 새사람'

누구와도 연합될 수 있는 한 사람

즉, 주님의 몸인 교회가 탄생되는 곳입니다

십자가를 통과하지 못한 사람은 니고데모입니다

그 누구와도 연합될 수 없습니다

소경이었던 저에게

빛으로 오사 눈을 뜨게 하셔서

이 세계를 열어주신

주님을 영원히 찬양합니다

✝ <아멘 아버지 마음> 주 예수여 오시옵소서

91.

빛, 길, 생명

선악과

- 선악을 알게하는 지식의 나무

소경이었던 나에게

하나님께서 빛을 비춰 주셔서 눈을 뜨게되자,

제일 먼저 알게된 것이 바로 "선악과"였다

실로 엄청난 충격이었다

눈 뜨기전 내 삶

한마디 '선을 추구하는 삶,

마치광야에서 외치는 자의 소리였던 세례 요한처럼'

그런데

눈을 뜨게 되자

선악과

- 선과 악은

한나무에 달리는

두 열매

더 쉽게 표현하면

“뱀의 갈라진 두 혀”와

같다고 알아지자

내가 추구해 왔던 모든 삶이 무너져 내리는
것과 같았다

선악과는

선과악을 알게하는 지식의 나무였다

이것이 내 속에 들어오자, 이때부터 나는 사탄의
말한 대로

하나님같이 되어

선과악의 지식을 가지고 다른 사람을

판단하고

지적하고

정죄하며 살 수밖에 없게 된 것이다

선악과는 내 속에 들어와 내 생명이 되었던 것이다

이것이 해결되지 않는 한,

나는 그 무엇(목사, 선교사, 교수, 예배, 기도, 봉사, 헌신, 헌금, 성경 공부등등)으로도

하나님을 기쁘시게 할 수가 없었던 것이다

오히려 사탄이 뿌린 씨를 받았으니,

사탄의 생명이 되었던 것이다

그러니

예수님이 바리새인들에게 꾸짖었던

회칠한 무덤으로,

위선된 삶을 살 수 밖에 없었던 것이다

속은 선악과로 가득한 데 겉은 거룩한 척을 하며 사는

위선자의 삶을 살 수 밖에 없었다

이게 빛을 비쳐지자 보여 진 나의 적나라 한 모습이었다

나는 살았다하는 이름을 갖었으나

실상은 죽은 자였다

오호라 나는 곤고한자로다 누가 사망의 몸에서

나를 건져내라! 이것은 나의 고백이

요울부짖음이었다

- 다음에 계속

✝ <아멘 아버지 마음> 주 예수여 오시옵소서

92.

빛, 길, 생명

선악과(2)

하나님의 빛으로

선악과를 먹은

내가 보이게 되자

“주여 주여 우리가

주의 이름으로

선지자 노릇하며

주의 이름으로

귀신을 쫓아내며

주의 이름으로

많은 권능을 행치 아니하였나이까”

당연한 나의 항변이었다

내가 희생하며, 헌신하며 목사의 길을 선택하고,

선교사의 삶을 살았던 것을 주님이 아시지 않습니까

주님의 대답은 매몰찼습니다

"내가 저희에게 밝히 말하되 내가 너희를 도무지 알지 못하니 불법을 행하는 자들아 내게서 떠나가라"

캄캄해졌습니다

내 빛이

(내가 알았었다는 것

내가 배웠었다는 것

내가 경험했었다는 것) 모두 꺼지는 순간이었다

내가 알던 하나님,

내가 믿어왔던 하나님, 이제 나는 하나님을 전혀 모르는 사람이 되었다

깊은 어둠 속으로

한 없이 추락하는 것 같았다

그 깊은 어둠 속에서

빛이 비쳐 왔다

십자가에 달려서

울부짖으시는

예수님이 보였다

엘리엘리라바사박다니

하나님, 하나님 어찌하여 나를 버리십니까?

하나님은 아무런 답도 없으셨다

내 인생 처음으로

십자가에 달리신 예수님 속에서 나를 본 순간이었다

저속에 내가 있구나

나를 끝내시려고

십자가에 죽으셨구나, 선악과를 먹은 나를
끝내시려고 죽으셨구나

이제야 알아졌다

이 자리,

십자가의 자리에 와야 되는구나

여기서 끝나는구나

여기서 거듭남이 알아지고,

여기서 교회가 알아지고,

여기서 '한생명'이 알아지고,

여기서 '하나님의 영원한 목적'이 알아지고,

여기서 '하나님 나라'가 알아지고,

여기서 '부활'이 알아지고,

여기서 나는 아무것도 아니고, 나는 아무 것도
할 수 없고, 나는 아무 것도 없는 자인 것이

알아졌습니다

나는 흙이고

농부되신 하나님이 오셔서 씨를 뿌려야 싹을 내는
존재라는 것이 알아졌습니다

나는 지금도

하나님을 잘 모릅니다

나는 지금도 빛이 없어서 하나님의 빛이 아니면
나는 여전히 소경입니다

나의 환경과 조건은 아무것도 변한 것이 없습니다

나는 단지

가라면 가고

서라면서는

사람으로 빚어지고 있을 뿐입니다

그런데 감사하고

부족함이 없습니다

나를 흑암의 나라에서 사랑의 아들의 나라로 옮겨 주신
하나님을 영원히 찬양합니다

✝ <아멘 아버지 마음> 주 예수여 오시옵소서

93.

빛, 길, 생명

선악과(3)

지식은 생명이 아니다

지식이 생명인 줄 알았습니다

성경을 지식으로 연구했고,

신학을 지식으로 공부했고,

교리를 지식으로 받아들였고,

교회 조차도 지식으로 배웠습니다

세월이 아무리 지나도 나는 변화 되지 않았습니다

지식은 사람을 교만하게 할 뿐이었습니다

소경인 나를 불쌍히 여기 신주님께서

눈을 뜨게 해주시자

선악과

(Tree of the knowledge of good and evil)

선악과는 바로

선과 악을 알게하는 '지식의 나무'였습니다

뱀, 사탄이

아담, 사람에게 먹인 것이 바로 지식이었습니다

선악과의 지식은 세상을 살아 가는 데는 유용합니다

그러나

하나님의 나라에는 무용합니다

이제서야

니고데모가 왜 하나님 나라에 들어갈 수 없었는지를
알게 됩니다

니고데모는

지식으로 세워진 사람이었습니다

세상은 지식으로 세워진 나라입니다

이나라를 바벨론이라고 합니다

반면,

하나님 나라는

'생명의 나라'입니다

그래서 우리는

십자가에서

옛 사람(지식의 사람)이 죽고 새 생명(그리스도)을 받아야 하는 것입니다

생명은 노력해서 얻어지는 것이 아니라

내 밖에서

낳아지고,

받아지고,

뿌려지는 것입니다

그래서

십자가에서 죽으신 예수님은 새 인류의 씨가 되신 분이십니다

"한알의 밀이 죽지 아니하면 한 알 그대로 있고 죽으면 많은 열매를 맺느니라"(요12:24)

지식은 100년이 지나도 자라지 않습니다 그러나

생명은 매일 자랍니다

지식은 생명이 아닙니다

하나님 나라는

새 생명의 나라입니다(롬6:4)

소경의 눈을 뜨게 하셔서 하나님 나라를 밝히
보여 주신 주님을 찬양합니다

✝ <아멘 아버지 마음> 주 예수여 오시옵소서

94.

빛, 길, 생명

벌거숭이 임금님

평생을 포장하며

살아왔습니다

그건 아마

어린시절, 청소년시절

겪어야했던 열등감을 극복하기 위한
몸부림이었는지도 모릅니다

남들에게 잘 보이려고, 다른 사람에게 인정 받으려고,
더 나아가 하나님께 인정받으려고

끝이 없는길,

끝이 없는 삶이었습니다

내가 노력한다고

얼마나 높아지겠습니까?

얼마나 인정받겠습니까?

세상은 정글이었고

나는 곧 한계에 부딪치고 말았습니다

더 이상 포장된 삶은 수고하고 무거운 짐이 되어
나에게 돌아왔습니다

외식하는 삶이요

위선된 삶이었습니다

빛이 비쳐왔습니다

"벌거벗었으나 부끄럽지 아니하더라"

"보시기에 심히 좋았더라"

하나님은

나의 무엇 - 포장이 아니라

나의 존재자체로 만족하셨습니다

내옷 - 포장이

다 벗어지는 순간이었습니다

목사라는 옷도

선교사라는 옷도

교수라는 옷도

다 벗어지고나니

‘사람’만 남았습니다

십자가에서

예수의 옷도 다벗어지고 ‘사람’만 남았습니다

하나님은 이 자리에서 기뻐하십니다

하나님은 이 자리에서 시작하십니다

나는 오늘도 벌거 벗은 몸으로 십자가에 있습니다

그런데 조금도 부끄럽지 않습니다

나는 사람입니다

그런데 하나님이 만족하십니다

조금도 부족함이 없다고 말씀하십니다

✝ <아멘 아버지 마음> 주 예수여 오시옵소서

95.

빛, 길, 생명

노아와 방주

노아가 살던 세상은

네피림

(무병장수를 꿈꾸며, 힘과 능력으로
유명했던 사람들)이 주름잡던 세상이었습니다

그런데

이들에 대한 하나님의 평가는

'육체가 됨이라'

'모든 계획이 항상 악할 뿐'

'사람 지으심을 한탄하사'

'지면에서 쓸어 버리기로 작정하셨다'

하나님을 떠난 사람, 하나님을 떠난 세상이
되었다는 것입니다

하나님의 창조 목적에서 떠나

내 맘대로, 내 뜻대로 내 생각 대로 산다는 것입니다

하나님을 떠난

사람이가는 길은

과거나 현재나 미래도 네피림의 시대와 똑같습니다

이에 대한 하나님의 대책은 무엇입니까

'그러나 노아는 하나님께 은혜를 입었더라'

노아는 그 시대 주류였던 네 피림의 사회에서
밀려났던 사람입니다 그래서

나는 하나님이 없으면 아무것도 아닙니다,
나는 하나님이 아니면 아무 것도 할 수 없습니다.

나는 하나님이 없으면 아무 것도 없습니다

이렇게 고백하는 사람이었습니다

이 사람이 하나님이 창조한 사람입니다

이 사람이 흙으로 창조된 사람입니다

이 사람이 십자가에 달려 있는 사람입니다

이 사람이라야

방주를 지으라 하시는 하나님의 말씀이 들리는
사람입니다

노아는 방주를 예비하였고 그와 그 가족들과 모든 생물의 암수한쌍씩 이 방주에 오르게 되었습니다

방주가 완성되자

40일 40주야

비가 땅에 쏟아져

호흡하는 모든사람, 모든동물, 모든생물들은 모두 죽고 말았습니다

우리는 여기서

길이 갈라지는 것을 봅니다

지식과 능력을 추구하는 길 - 네피림의 길과

은혜의 길 - 노아의 길이 완전히 다름을 알 수 있습니다

네피림의 길로 달려가 죽을 수 밖에 없던 인생을 돌이켜 주셔서 노아의 길로 가게하신 하나님을 찬양합니다

'그러나 노아는 여호와께 은혜를 입었더라'

✝ <아멘 아버지 마음> 주 예수여 오시옵소서

96.

빛, 길, 생명
하나님이 찾아오심

"땅이 혼돈하고 공허하며 흑암이 깊음 위에 있고
하나님의 영은 수면위에 운행하시니라"

지금도 세상은 모두 혼돈과 공허와 흑암이다

소위 기독교라고

하나님을 열심히 믿는 종교 안에도 역시 혼돈과
공허와 흑암이다

하나님의 영이 수면에 운행하셨다는 말은 하나님의
영 이땅에 내려왔는 데 앉을 자리가 없다는 뜻이다
땅이 물로 차 있어서 앉을 자리가 없다는 것이다

하나님이 나를 찾아와 내 위에 운행하고 있는데,
나를 찾아 쓰려고 하는 데 앉을 자리가 없다

내생각, 내소원, 내계획, 내지식, 내경험으로 가득
덮혀 있어서 하나님이 아무리 돌아 보아도 앉을
자리가 없다는 것이다

내가 그랬다

아무리 하나님이 오시려고 해도 “지금 나는 바쁘니까
당신을 만날 시간이 없습니다”

이게 나였다

수 십 년 목회를 했지만 내 일과 내 소원에 바빠서,
나를 찾아오신 하나님을 볼 수 없었다

내가 내 “의”를 가지고 하나님을 찾아가는 길과,

하나님이 찾아 오시는 길은 영원히 어긋난 길이었다

내가 하나님을 찾아 가는 길에서 나는 지쳐갔고,
영적 탈진 가운데까지 갔다

이제는 아무 것도 알 수 없고, 하나님은 더 더욱
알 수가 없었다

내빛이 꺼지는 순간이었다

내 “의”가 무효가 되는 순간이 왔다

혼돈과 공허와 흑암에 갇혀 있는
나를 발견하게 되었다

이것은

“아담아 네가 어디 있느냐?”라고 부르시는 시간이었다

하나님이 찾아 오신 것이다. 빛으로

내가 끝났을 때다

내가 십자가에 주님과 함께 매달릴 때다

수면에 잠겼던

뭍 - 땅이드러났다

땅이 드러나면씨가 뿌려질 수 있다

신기한 일이다

어떤 사람에게 하나님의 말씀이 비치면 깜깜한
밤에 빛이 비친다

나는 오늘도 어두운 환경 가운데 있다
그런데 두렵지않다

"빛이 있으라" 하시는 하나님이 계시기 때문이다

✚ <아멘 아버지 마음> 주 예수여 오시옵소서

97.

빛, 길, 생명

아브라함이 내 놓은 세가지 열매

사람은 흙으로 지어졌기 때문에 농부에게 무엇인가를 내놓을 때

그 인생이 의미가 있다

"무릇 내게 있어 과실을 맺지 아니하는 가지는 아버지께서 이를 제해 버리시고"(요15:2)

하나님께 부르심 받은 아브라함도 그 인생을 통하여 세 가지 열매를 내어 놓았다

첫째는,

그집에서 잘 길리운 '엘리에셀'이라는 종이었다

잘 교육되고, 잘 훈련된 그런 사람이었다

그러나 하나님은 이를 받지 않으셨다

두 번째는

부인사라의 여종하갈에게서 낳은

'이스마엘'이었다

세월이 지나도 자식이 없자, 부인사라는

가장 좋은, 가장 합리적인, 가장 효율적인

생각으로 여종을 통해 상속자를 얻고자 했고
아브라함도 동의하여 낳은 아들이 바로

'이스마엘'이었다

그러나 하나님은 이스마엘도 받지 않으셨다

세월이 흘러

아브라함은 100세가 되었고,

사라도90세가 되어 이제는 아이를 낳을 수
없게 되었다

이때 하나님이 주신 아들이 이삭이었다

하나님은 이삭만 받으셨다

이삭이 아브라함의 후손이요
그리스도의 조상이 되었다

농부되신 하나님은 오늘도 당신이 뿌린씨의
열매만 받으십니다

아브라함이 100세에 자기의, 자기힘, 자기능력,
자기소원이 끝났을 때 하나님은 당신의 씨이삭을
주셨습니다

이 계시를 몰랐을 때 나는 수 많은 엘리에셀과
이스마엘을 꿈꾸며 목사와 선교사로 살았습니다

하나님의 은혜로

십자가에 달리 신 예수님 속에 포함 되어
그와 함께 죽고 그와 함께 살고 나니

이 계시가 보였습니다

내가 그리스도와 함께 십자가에 못박혔나니
이제 내가 사는 것이 아니요 내 안에 그리스도가
사는 것이라

이제야 내가 이삭으로 보여집니다

✚ <아멘 아버지 마음> 주 예수여 오시옵소서

98.

빛, 길, 생명

존재적 가난

심령이 가난한 자는 복이 있나니 천국이 저희 것임이요(마5:3)

밥은 누가 찾습니까? 배고픈 사람이 찾습니다

누가 물을 찾습니까? 목마른 사람입니다

하나님은 누구를 만나 주실까요?

바로 가난한 사람입니다

하나님이 가난하신 분이시라면,

여러분은 분노를 발할지도 모르겠습니다

그러나 하나님은

사람과의 관계에서는 가난하신 분입니다

하나님은 영으로 존재 하시니, 당신을 보여주실 수 없습니다

그래서 당신을 보여주실 그릇으로 즉,

당신의 형상으로 사람을 창조하셨습니다

그러니 하나님은

사람에 대해 너무도 가난하신 분입니다

사람은 무엇입니까

사람은 흙으로 창조되었으니,

농부(씨)가 없으면

아무것도 할 수 없는 가난한 존재입니다

그러니까

절대적으로 가난하신 하나님과 절대적으로 가난한
사람이 만남은 천생염분이지 않겠습니까

그러나

선악과를 먹고

하나님을 떠난 사람들은 가난을 잃어버렸습니다

내가 누구인지 잃어버렸습니다

그러니 스스로 무엇을 채우려고 몸 부림치는 것이
인생아닙니까?

기독교라는 종교도 끊임없이 무엇을 채우려고
몸 부림치고 있지 않습니까?

기도로, 예배로,

봉사로, 은사로,

수 많은 방법으로

하나님께 나아가고자 하는 것이 기독교의 역사가
아니었습니까?

예수님이 오병이어로 오천명을 먹이셨을 때 수 많은
사람들이 열광하며 따랐던 것처럼 오늘날도 예수를
그렇게 따르고 있잖습니까?

놀랍게도 예수님은 그들을 외면하고

십자가로 가셨습니다

십자가에 달리신 예수님은 아무 것도 할 수
없었습니다

아무것도 아니요

아무것도 없었습니다

흙의 자리로 돌아가신 것입니다

원래 하나님이 사람을 만드시고 심히 기뻐하셨던

그 위치로 돌아가신 것입니다

이 자리가 바로

존재적으로 가난한 자리입니다

여기서만 하나님을 만날 수 있습니다

여기서만

흙인 사람과

농부(씨)인 하나님이 만나지는 자리입니다

이곳에서 교회가 발생 되어지고,

이곳에서 하나님 나라가 시작되고,

이곳에서 부활이 나타납니다

이곳이 보라 새것이 되었도다하는 자리이고,
이곳이 이제 내가 사는 것이 아니요 내 안
예그리스도 가사는 것이라 하는 자리입니다

너희는 하나님께로부터 나서 그리스도 예수 안에
있고(고전1:30)

소경이요 귀머거리여서 사망의 길을 걷고 있던
나를 긍휼히 여겨 주셔서

눈을 뜨게 해 주시고

귀가 열리게 해 주시고 가난하게 해 주셔서 십자가
예수 안에서 안식하게 해 주신 하나님을 영원히
찬양합니다

✝ <아멘 아버지 마음> 주 예수여 오시옵소서

99.

빛, 길, 생명

역설

어린 양이

다스리는 나라

세상에 이런 나라를 보셨습니까?

세상은 모두

호랑이나 사자나 독수리처럼 힘 있고 능력있는 사람들이 다스리고 있습니다

동물의 왕국에 나오는 정글과 별반 다름이 없죠,

우리는 그런 나라를 싫어 하지만,

놀랍게도 우리 속에는 호랑이와 사자처럼 살고 싶은 욕망이 저 밑에 숨어 있죠

교회를 다닌다 하는 사람들도 어떻하면 예수님의 능력을 받아서 나의 꿈, 우리의 꿈을 이룰까하는 생각들로 가득한 것 같습니다

제가 그랬으니까요

저는 독수리같은 예수를 믿었습니다

복잡한 세상을 초월하여 고고하게 창공을 날며
하늘의 왕처님....

얼마나 사모했으면

핸폰 바탕화면에

창공을 나는 독수리를 깔아 놓고,,,,,

추락 하고야

내가 독수리가 아니고, 될 수도 없다는 것을
알게 되었습니다

그러자

세상 죄를 지고 가는 어린 양 예수가 보였습니다

그러자

갓 죽임 당한 어린 양이 보좌에서 통치하는 나라가
하나님 나라임을 보여주셨습니다

어린 양이 왕으로 통치를 하니, 그 나라는 당연히

양들만 들어와 살 수 있는 나라입니다

거듭 나지 아니하면 하나님 나라를 볼 수도,
들어 갈 수도 없습니다

이스라엘 백성이

유월절에 어린 양의 피를 바르고,

어린 양고기를 먹고 하나님 나라에 들어 왔구나
알아졌습니다. 예수님께서

내피를 마시고,

내 살을 먹으라

하신 이유가 알아졌습니다

교회가 보여졌습니다 교회는 어린 양이신
예수님의 살과 피를 먹음으로,

호랑이가, 사자가, 독수리가, 늑대가

어린양으로 변화하는 곳입니다

당신은 어떤 예수를 믿고 있습니까?

기도하면 알라딘의 지니같이 내 소원을 응답해

주시는 예수

나는

십자가에 달려 뛰어 내리지 못하시는

어린 양 예수를 믿고 있습니다

그런데 놀랍게도

여호와는 나의 목자시니 내가 부족함이
없으리로다(시23)

하시는 말씀이

실재가 되었습니다

나를 짐승에서 사람으로, 독수리에서 어린 양으로
옮겨 주신 예수님을 찬양합니다

✝ <아멘 아버지 마음> 주 예수여 오시옵소서

100.

빛, 길, 생명

스스로와 말미암아

태초에 하나님이 천지를 창조 하시니라

우리는 하나님으로 "말미암아" 시작되었습니다

그런데 언제부터인가 우리는 너무도 자연스럽게
"스스로" 살기 시작했습니다

하나님으로 '말미암은' 삶은 잃어버리고

나 '스스로' 시작된 삶이 되어버렸습니다

내가 우주의 중심이 되었고, 하나님은 오늘도 수면
위를 운행하고 계십니다

이 모든 것이 선악과를 먹었기 때문이라는 것은
나 '스스로'의 삶이 모두 다 무너지고 난 뒤 였습니다

무너지고 나니

나는 흙이었습니다

나는 벽돌인 줄 알고

나는 바위인 줄 알고

나는 시멘트인 줄 알고 그 저 높이 높이 쌓는 것
(성공, 출세, 인정 등등)이 인생인 줄 알았습니다

목회 조차도

겉으로는 거룩이었지만, 속으로는

많이, 크게, 높게가 목표였습니다

이것을 이루어 보려고 얼마나 몸 부림치고,
소리 높혀기도 했는지……

'스스로'의 길은 끝이 없었습니다

무너지고, 꺾여질 때까지

끝나고 나서야

십자가에서 주님과 함께 죽고, 주님과 함께 다시
살고 나서야

스스로의 삶은 사탄에 속은 것임을 알게 되었습니다

아, 나는 '스스로' 사는 존재가 아니라

'말미암아' 사는 존재이구나 알아졌습니다

"내 뜻대로 마옵시고 아버지 뜻 대로 하옵소서"가
알아졌습니다

스스로의 길은

저주와 죽음의 길이요, 말미암아의 길은

축복과 영생의 길이었습니다

성경은 모두 다

말미암아의 길을 기록한 책입니다

십자가는 스스로의 삶이 끝나고,

말미암아의 삶이 시작되는 곳입니다

그러므로 누구든지 십자가를 통과하지 못하면
스스르의 삶을 살 수 밖에 없습니다

아담은 스스로의 삶을 살기 위해선 악과를 먹었고,

예수님은 말미암은 삶을 위해 십자가로 가셨습니다

지금도 여전히 우리 인생 앞에는 두 길이 놓여있습니다

스스로 사는 길과

말미암아 사는 길

아담의 길과

그리스도의 길

나는 세상의 빛이라

빛이와야 이 길이 보입니다

스스로의 길에서 완전히 망하게 하셔서

말미암아 사는 길로 이도하시는 주님을 영원히
찬양합니다

"만물이 그로 말미암아 지은 바 되었으니 지은 것이
하나도 그가 없이 된 것이 없느니라"(요1:3)

✝ <아멘 아버지 마음> 주 예수여 오시옵소서

아담아 네가 어디 있느냐?

1판 1쇄 펴냄 — 2020년 11월 1일

저자 박풍성
발행처 디자인21
발행인 이경화

등록번호 제1-1128호
등록일자 1991. 2. 12

주소 04560 서울특별시 중구 퇴계로 293-1
(쌍림동 원진프라자 3층)
전화 02-2269-6561(대)
팩스 02-2269-6568
홈페이지 www.21publish.co.kr

ISBN 978-89-6131-065-9 03230
정가 7,000

* 본 도서의 내용을 무단으로 복제시 저작권법에
의해 처벌을 받을 수 있습니다.
* 잘못 만들어진 책은 교환하여 드립니다.